AF332019

A MONSIEUR LE PRÉFET DE LA SEINE.

A MESSIEURS LES MEMBRES DU CONSEIL MUNICIPAL.

DE L'OCTROI DES BIÈRES

A PARIS.

CONSIDÉRATIONS

*Présentées par les Brasseurs, les Entrepositaires de Bières.
et les Limonadiers, sur la diminution persistante de la consommation
de la bière à Paris, et sur la nécessité de supprimer la surtaxe
établie en 1872.*

PARIS

TYPOGRAPHIE CHARLES DE MOURGUES FRÈRES

RUE JEAN-JACQUES-ROUSSEAU, 58

2049

1880

DE L'OCTROI DES BIÈRES

A PARIS.

CONSIDÉRATIONS

Présentées par les Brasseurs, les Entrepositaires de Bières et les Limonadiers, sur la diminution persistante de la consommation de la bière à Paris, et sur la nécessité de supprimer la surtaxe établie en 1872.

PARIS

TYPOGRAPHIE CHARLES DE MOURGUES FRÈRES

RUE JEAN-JACQUES-ROUSSEAU, 58

1880

2049

Paris, le 1er avril 1880.

A Monsieur le Préfet de la Seine,

A Messieurs les membres du Conseil municipal de Paris.

MESSIEURS,

Le mardi 2 mars 1880, les brasseurs de Paris et des environs, les entrepositaires de bières et le syndicat des limonadiers de Paris étaient réunis dans une des salles de l'Union du Commerce et de l'Industrie, à l'effet de délibérer sur les moyens de réclamer l'adoucissement des droits d'octroi dont la bière est frappée à son entrée dans Paris, l'élévation exagérée de ces droits étant considérée comme ayant déterminé, depuis un certain nombre d'années, une diminution persistante de la production et de la consommation de cette boisson dans l'intérieur de la capitale.

Une longue discussion, dans laquelle la question a été examinée sous toutes ses faces, et à laquelle ont pris part les trois groupes

---

La Commission nommée par l'Assemblée du 2 mars est ainsi composée : *Président :* M. T. LAURENT, brasseur à Issy (Seine). — *Vice-Présidents :* MM. BIGNON, O. ✳, président du Syndicat des Limonadiers de la Seine ; GANGLOFF, président du Syndicat des Entrepositaires de bière de Paris. — *Secrétaires :* MM. SCHMIDT, brasseur à Paris; HÉNON, entrepositaire à Paris; PAINOT, limonadier à Paris. — *Délégués de l'Assemblée :* Pour les brasseurs de Paris, MM. DUMÉNIL, ✳, FORSÉ; Pour les brasseurs des environs : MM. RIESTER, de Puteaux (Seine); CRASSIER, de Meaux (Seine-et-Marne); Pour les entrepositaires de bière de Paris : MM. SCHULTZ et HEITZ; Pour les limonadiers de Paris : MM. PY et POUPET.

de commerçants ci-dessus désignés, s'est engagée et terminée par l'adoption à l'unanimité de la résolution suivante :

« Les brasseurs de Paris et des environs, les entrepositaires de
« bières, les limonadiers et restaurateurs de Paris,

« Considérant que le prix élevé des droits d'octroi des bières à
« Paris ne permet pas d'étendre l'usage de cette boisson à toutes les
« classes de la société ;

« Considérant que les motifs qui ont fait élever ces droits
« n'existent plus en grande partie ;

« Considérant que la bière est non seulement une boisson, mais
« encore un aliment,

« Émettent le vœu :

« Que les droits d'octroi sur la bière soient supprimés,

« Et, subsidiairement, dans le cas où le moment ne serait pas
« reconnu propice pour cette suppression complète,

« L'Assemblée émet le vœu que les droits antérieurs à 1872 soient
« rétablis ;

« Elle charge, en outre, son bureau et une délégation spéciale nom-
« mée par elle, de transmettre les vœux ci-dessus à M. le Préfet de
« la Seine, à MM. les Membres du Conseil municipal de Paris, et de
« faire toutes les démarches nécessaires pour éclairer les autorités
« compétentes sur l'opportunité que présente cette réforme dans le
« double intérêt de la production et de la consommation.

Sur la demande des brasseurs de Paris, a été également adopté le paragraphe additionnel suivant :

« L'Assemblée émet le vœu que la brasserie intérieure de Paris
« soit mise à même d'exporter ses produits en restitution de droits
« afin d'être placée sur un pied d'égalité avec la brasserie de l'exté-
« rieur. »

La délégation constituée, comme nous venons de le rappeler, est dès à présent à la disposition des autorités municipales pour développer ou compléter les renseignements que comporte l'étude d'une question d'un intérêt tout à fait actuel et de premier ordre pour l'alimentation publique, il nous semble permis d'espérer que, dans ces conditions, les lignes qui vont suivre trouveront bon accueil auprès de l'Administration de la Ville de Paris.

I.

Les droits d'octroi sur les bières à Paris étaient, avant la dernière guerre, de 4 fr. 56 c. par hectolitre, décime compris, pour les bières provenant du dehors, et de 3 fr. 13 c. pour les bières fabriquées dans l'intérieur. Cette différence représentait les droits perçus tant sur les matières premières que sur les objets et matériaux accessoires de fabrication.

Ce fut seulement en 1872, sur un rapport de M. Dehaynin, qu'ils furent portés à 15 fr. Les motifs invoqués par l'honorable rapporteur, à l'appui de cette augmentation, étaient que la Ville de Paris avait un impérieux besoin de créer des ressources nouvelles et qu'il lui semblait équitable de les tirer *presque exclusivement des consommations de luxe et de plaisir, ne mettant guère à contribution que la partie aisée de la population parisienne.*

Rien ne paraissait plus séduisant ; aussi le Conseil municipal de cette époque jugeant, comme son rapporteur, que la bière était exclusivement *une boisson de fantaisie et de luxe,* la traita avec la dernière rigueur et éleva les droits qui la frappaient dans la proportion de 330 %.

Nous pensons que ce fut une erreur et nous espérons le démontrer. Nous reconnaissons que la bière est souvent, il est vrai, une boisson de luxe, mais il ne faut pas oublier qu'elle a rendu et pourrait rendre encore de très grands services comme boisson de table : le bas prix auquel elle peut être établie et les qualités hygiéniques qu'elle possède au plus haut degré en recommandent l'usage dans des limites qui, si larges qu'elles soient, ne risquent pas de devenir excessives.

Quoi qu'il en soit, le vote du Conseil municipal fut accepté patriotiquement par les consommateurs et les commerçants. Il présentait, en 1872, un caractère de nécessité qui le fit passer plus facilement. D'ailleurs, le vin était à bon marché et tout le monde était convaincu que cette surtaxe serait, comme toutes les autres dites de guerre, soumises à une prochaine révision.

Le moment de cette révision nous semble arrivé pour les raisons suivantes :

1° Les excédants de recettes de la Ville de Paris permettent certains dégrèvements ;

2° La bière doit surtout en profiter comme étant une boisson populaire, destinée, par sa nature et aussi par les circonstances actuelles, à devenir une boisson de première nécessité, ainsi qu'elle l'est depuis longtemps dans quelques départements ;

3° La consommation de la bière dans Paris a diminué d'un tiers depuis l'élévation des droits d'octroi ;

4° La surtaxe n'ayant pas donné les ressources prévues au moment de son établissement, doit être supprimée.

Premièrement. — Il n'entre pas dans notre intention, et il n'est pas de notre compétence de prouver avec des chiffres à l'appui, que l'état du buget de la Ville de Paris permet certains dégrèvements. Nous rappelons seulement que des excédants de recettes existent et que l'opinion publique demande qu'ils soient plus particulièrement appliqués à dégréver les produits surtaxés par le fait de la guerre.

Deuxièmement. — Dans son rapport en date du 15 janvier 1872, rapport confirmé dans ses principes généraux, mais un peu modifié dans ses conclusions par le suivant en date du 27 janvier même année, M. Albert Dehaynin énonce une affirmation déjà rappelée, et que nous devons chercher à réfuter avec d'autant plus de soin qu'elle a eu des effets plus regrettables.

L'honorable rapporteur a dit en effet et a cherché à prouver que *la bière est une boisson exclusivement de fantaisie et de luxe*. Il a prétendu qu'une enquête lui a démontré que le vin est resté la boisson populaire, et que *la bière est débitée seulement dans les cafés d'un certain ordre et n'a pas vu sa clientèle s'accroître depuis dix ans*.

Quand même les mesures appliquées par suite du vote du Conseil, sur la proposition de M. Dehaynin, n'auraient amené qu'un simple arrêt dans la consommation du produit si inexactement jugé, elles n'en seraient pas moins condamnées; mais il ne s'agit pas d'un simple arrêt, il s'agit d'une diminution dans la proportion d'un tiers, d'une année à l'autre. C'est véritablement désastreux. Tel est en effet la conséquence de la surtaxe, si l'on considère les consommations de 1869, de 1872 ou 1873 (nous omettons à dessein les années 1870 et 1871) (1).

Du reste, l'honorable rapporteur était loin de s'attendre à un semblable résultat. Il considérait que la consommation ne s'arrêterait pas, et pour quiconque connaît Paris, il est évident qu'elle ne devait subir aucune diminution dans les *cafés d'un certain ordre* auxquels paraissait s'arrêter exclusivement la pensée de M. Dehaynin.

Mais la bière a d'autres débouchés, et il faut bien en tenir compte. Elle est, ou plutôt elle était vendue non-seulement au bock dans les débits, mais encore au fût directement, par le brasseur ou l'entrepositaire, à la clientèle des ménages.

Il est probable même qu'une grande partie de la différence constatée entre la consommation d'avant et celle d'après l'établissement de la surtaxe, représente exclusivement une consommation ménagère.

---

(1) La consommation de la bière à Paris était de 335,990 hectolitres en 1869. Elle est tombée à 231,137, cinq ans après l'établissement de la surtaxe. Différence : 104,853 hectolitres.

2

Rien même ne paraît plus plausible et n'est mieux démontré par l'abaissement de la production de la brasserie parisienne et par la suppression presque totale des ventes de la brasserie des environs à la clientèle bourgeoise ou ouvrière de Paris. Et comment en serait-il autrement avec un droit d'octroi de 0,15 c. par litre, appliqué à une boisson déjà imposée à la fabrication, d'une valeur alcoolique relativement faible, en présence du droit analogue qui, pour le vin, n'est que de 0,12 c. par litre? De plus, le vin peut être étendu de trois à quatre fois son volume d'eau, et n'a pas cessé tout à fait, après cet allongement, d'être une boisson agréable ne payant effectivement que 0,03 à 0,04 c., tandis que pour la bière, le droit de 0,15 c. qui la frappe est irréductible ; car elle n'est pas susceptible d'être étendue après sa fabrication, toute addition d'eau, si petite qu'elle soit, annulant, pour ainsi dire, sa valeur alcoolique, et diminuant la quantité de gaz qu'elle doit toujours contenir pour constituer une boisson agréable et digestive.

Il n'y a donc pas non plus égalité de charges entre les deux boissons et l'une se trouve nécessairement sacrifiée à l'autre au détriment du consommateur; et cependant chaque jour devient plus urgente la nécessité de faciliter l'accès de cette boisson dans la clientèle ouvrière. Le vin est actuellement à un prix très élevé et la situation du vignoble ne permet pas d'entrevoir une amélioration prochaine. Au contraire, il est à redouter que les causes de destruction de nos vignes ne se propagent et s'étendent encore. N'est-ce pas un acte de sage prévoyance que de s'attacher à supprimer dès maintenant les obstacles qui empêchent la production et la consommation d'un produit destiné à rendre de si grands services à un moment donné? N'est-ce pas aussi le meilleur moyen d'entraver la propagation des vins fabriqués ou falsifiés, qui commencent à se répandre et qui trouveront d'autant plus d'acheteurs, qu'il est plus difficile de les remplacer économiquement? Ces considérations méritent d'arrêter un instant l'attention du Conseil municipal de Paris et devront, nous en avons l'espoir, lui faire reconnaître qu'il y a lieu de porter aujourd'hui sur le produit qui en est l'objet, un jugement tout autre que celui de M. Dehaynin en 1872?

Troisièmement. — Ce qui précède nous dispense d'insister longuement sur les autres conséquences économiques que nous pourrions tirer de la diminution dans la consommation de la bière.

Il nous suffira de renvoyer le lecteur aux tableaux dressés d'après les statistiques officielles, et insérés à la fin de ce mémoire, en faisant remarquer que l'année 1878 ne présente une légère augmentation que du fait même de l'Exposition qui avait considérablement accru la population flottante.

Quatrièmement. — Dans son rapport en date du 15 janvier 1872, M. Dehaynin n'admet pas que les droits, quoique plus que triplés, doivent réagir sur la consommation de la bière. Il annonce sans restriction et d'une manière absolue, que les recettes produites par la surtaxe seront de 3 millions au total, dont 2 millions fournis par les bières importées du dehors et de 1 million pour celles fabriquées à l'intérieur.

Son rapport complémentaire du 27 janvier confirme ces prévisions, en augmente même la valeur et porte à 3,121,000 fr. le supplément de recettes à prévoir.

Aucune de ces évaluations ne s'est réalisées. La consommation qui en 1869 était de 335,990 hectolitres dont 290,773 fournis par les brasseries des environs et les brasseries étrangères, et 45,217 par celles du dedans, ont produit, en calculant tous les droits indistinctement à 4 fr. 56 c. par hectolitre 1,532,114 fr., dont 1,325,925 fr. pour les bières du dehors et 206,189 fr. pour celles du dedans.

D'après les évaluations de M. Dehaynin, la surtaxe devait augmenter ces sommes de 2 millions d'une part et de 1 million d'autre part, c'est-à-dire produire l'année suivante, soit en 1873, respectivement 3,325,925 fr. et 1,206,189 fr., au total 4,532,114 fr. Il y eut un déficit sur ces prévisions de 1,148,174 fr., et cinq ans après ce même déficit persistait encore, car en 1877 les recettes n'étaient que de 3,447,055 fr., d'où un déficit de 1,095,059 fr. sur les prévisions en 1872, malgré l'accroissement de la population.

N'est-ce pas la condamnation du système?

Au lieu d'une diminution d'un tiers dans la consommation, ne vaudrait-il pas mieux avoir à enregistrer une augmentation, comme pour tous les autres produits alimentaires?

Mais il n'y faut pas compter aussi longtemps que les droits prohibitifs actuels seront conservés, tandis qu'une augmentation considérable est assurée avec le retour aux anciens droits, la cherté du vin venant d'ailleurs l'encourager dans une grande proportion.

La consommation devra probablement atteindre, nous espérons même qu'elle dépassera 5 ou 600,000 hectolitres dès la première année; la Ville encaissera de ce chef, et à raison de 4 fr. 56 c. par hectolitre, 2,736,000 fr.; cette recette, comparée à celle de 1877, ne laissera plus qu'une différence de 711,055 fr., qui sera promptement comblée. Mais quand même cette différence de quelques centaines de mille francs persisterait pendant quelques années, doit-elle arrêter le Conseil municipal dans l'adoption d'une mesure juste, réclamée par l'opinion publique et profitable surtout à la partie la moins aisée et par conséquent la plus intéressante de la population parisienne? Nous ne le pensons pas, car si l'intérêt du consommateur est très engagé dans la solution de cette question, celui des finances de la Ville de Paris n'en est nullement compromis.

II.

Indépendamment des considérations qui précèdent et qui justifient pleinement notre demande, il en est une autre qu'il n'est peut-être pas inutile de présenter; c'est que la bière est une boisson hygiénique de premier ordre.

Il suffit pour s'en rendre compte d'examiner les produits qui entrent dans sa fabrication; on reconnaît qu'elle renferme les éléments essentiels non-seulement d'une boisson qui désaltère, mais encore d'un aliment qui nourrit (1). Les peuples qui la consomment, même avec excès, ne sont pas inférieurs aux autres sous le rapport des qualités intellectuelles, et se font remarquer par leur force musculaire. L'abus même de la bière n'amène aucun des désordres causés par l'alcool. Aussi, quelques gouvernements tels que la Suède, le Danemarck et la Hollande, en ont-ils diminué les droits et facilité la fabrication pour en vulgariser l'usage, après avoir reconnu qu'elle était apte à combattre l'extension de la consommation abusive de l'alcool.

Voici maintenant deux tableaux statistiques dont nous avons parlé dans le cours de notre rapport, et qui nous semblent avoir une importance actuelle de haut intérêt.

Ils méritent, en tous cas, de fixer l'attention de l'Administration municipale aussi bien que celle des hommes de notre temps qui se livrent à l'étude des questions économiques au point de vue des subsistances alimentaires.

<table>
<tr><td>Les Secrétaires,</td><td>Le Président,</td></tr>
<tr><td>SCHMIDT, HÉNON, PAINOT.</td><td>T. LAURENT.</td></tr>
</table>

---

(1) Nos ancêtres désignaient la bière sous le nom de *cervoise*, mot dérivé, d'après Lekardt, de *cerebibia, quod ceres, id est frumentum coctum bibatur.*

Consommation de la Bière dans Paris.

ANNÉES.	BIÈRE A L'ENTRÉE Hectolitres.	BIÈRE A LA FABRICATION Hectolitres.	TOTAUX Hectolitres.	CONSOMMATION PAR TÊTE Litres.
1867	291,314	61,629	352,943	19 1/2
1868	288,128	58,711	346,839	19 1/4
1869	290,773	45,217	335,990	19
1870	233,421	44,528	277,949	»
1871	145,940	32,351	178,291	»
1872	222,619	29,050	251,669	14
1873	203,584	22,012	225,596	12
1874	204,954	18,121	222,873	12
1875	206,482	27,458	223,942	13
1876	204,072	28,561	232,633	13
1877	216,444	14,693	231,137	13
1878	252,007	16,123	268,130	15

L'augmentation de la consommation en 1878 est due à l'Exposition universelle.

CONSOMMATION DE LA BIÈRE EN EUROPE
(ANNÉE 1877)

Par tête.

Bavière	222 Litres.
Wurtemberg	156 —
Belgique	147 —
Grande-Bretagne et Irlande	113 —
Saxe	59 —
Bade	55 —
Alsace-Lorraine	51 —
États allemands divers	47 —
Prusse	40 —
Pays-Bas	38 —
Autriche-Hongrie	34 —
Suède et Norwège	27 —
France	20 —
Paris	13 (1) —
Russie	12 —

CONSOMMATION DANS LES CAPITALES

Par tête.

Munich	427 Litres.
Berlin	223 —
Londres	188 —
Vienne	131 —
Bruxelles	122 —
Paris	13 —

(1) Sans la Russie, la consommation de la bière à Paris serait la dernière de notre tableau.